AF227163

RAPPORT

FAIT

A LA SOCIÉTÉ POPULAIRE

DE BESANÇON.

A BESANÇON,

DE L'IMPRIMERIE DE BRIOT,

2e ANNÉE RÉPUBLICAINE.

RAPPORT

Fait à la Société populaire de
Besançon, au nom d'une Com-
mission particulière nommée pour
examiner la question suivante :

*Quels sont les moyens à prendre pour
affermir dans ces contrées le régime
révolutionnaire, établir le règne de la
raison et fonder l'empire de la vertu.*

Par Frêne-Coriandre BRIOT.

Séance du 28 Floréal, l'an second de la République,
une et indivisible.

CITOYENS,

Lorsque la plus belle, la plus forte de
toutes les impulsions vient d'être donnée
au corps politique ; lorsque les bases im-
périssables de la prospérité nationale sont

placées par une main aussi hardie que vi-
goureuse ; lorsque les principes éternels de
l'ordre social sont solemnellement reconnus et consacrés ; la patrie appelle les
hommes de la république pour continuer
et cimenter un aussi bel ouvrage : leur
devoir est de répandre les vérités reconnues,
de les suivre dans leurs développemens, de
les proclamer par l'exercice constant et
soutenu de leurs vertus civiques, de réunir
enfin toutes les volontés et tous les efforts
des patriotes, pour leur donner l'harmonie
de l'ensemble et la force de l'action.

Vous avez proposé un beau problème :
*Quels sont les moyens à prendre par la
société pour affermir dans ces contrées
le gouvernement révolutionnaire, établir
le règne de la raison et fonder l'empire
de la vertu.* Cette question est digne de
toute l'attention des patriotes vertueux ;
elle demande une discussion lumineuse ,
et des décisions soutenues de toute l'activité dans l'exécution.

Ils ont bien servi la liberté, ceux-là qui
les premiers ont osé réduire la révolution
en systéme et fixer la théorie du gouverne-

ment révolutionnaire. (Robespierre , ton rapport du 5 nivôse deviendra un jour le livre élémentaire des nations insurgées contre les rois.) Dès ce moment la honte devint le partage de l'immoralité, les méchans n'eurent d'autre perspective que l'échafaud , et la république appuyée sur la justice et la vertu , porta fièrement ses regards sur les hautes destinées promises à ses enfans.

Le régime révolutionnaire ressemble peu aux convulsions et aux mouvemens sublimes qui l'ont amené , et les devoirs des amis de la liberté ont changé selon les divers orages dont elle a été menacée. Forcés à lutter de toute part contre la tyrannie et la trahison , ils ont dû calculer leurs efforts sur les efforts du crime , et leur adresse, d'après l'astuce de la perfidie. Presque toujours la liberté leur ordonna l'insurrection contre l'autorité oppressive , et le salut de la patrie prononça les vengeances éclatantes et voulut les exemples terribles. Dans ces momens de troubles et de ténèbres politiques, il falloit foudroyer le despotisme , plutôt que raisonner la morale révolutionnaire ; il falloit maintenir le volcan populaire , toujours prêt à ces éruptions subites qui roulent pêle - mêle dans des torrens de feu les rois et leurs satellites , les traîtres et leurs complices ; il falloit écraser jusqu'au dernier des débris du trône , avant d'organiser sur une base impure le gouvernement populaire.

Alors le code de morale révolutionnaire étoit court : la haine des rois, l'enthousiasme de la liberté étoient ses deux maximes fondamentales. Le besoin rallioit sous ses mêmes étendards tous ceux qui s'écrioient liberté. Les trahisons successives autorisoient la défiance universelle. Tout l'art de la révolution consistoit à désorganiser et à rompre l'ensemble d'un gouvernement oppresseur , à découvrir ses ressorts pour les briser , à empêcher la stabililité de l'édifice incohérent qui devoit servir de point d'appui à un trône ébranlé.

Alors les premiers ennemis du peuple étoient déclarés ou mal déguisés ; ils avoient l'audace du crime impuni ; ils n'avoient pas encore appris à craindre ce qu'ils avoient méprisé si long-temps; ils n'avoient

pas encore imaginé l'art perfide de se re-
vêtir du masque du patriotisme et de présenter les dehors de la vertu. Les autres
ennemis du peuple qui sacrifient tout aux
intérêts de leur ambition et de leur orgueil,
attendoient l'issue de la lutte, et com-
binoient les moyens de recueillir les fruits
de la victoire, sans en avoir partagé les
dangers.

Alors l'autorité, les maximes établies,
les lois, tout étoit contre le peuple; sa
seule ressource étoit donc de se réunir
aux hommes qui parurent pour défendre
sa cause, de suivre leur impulsion et de
les rendre maîtres de diriger ses forces.
Heureux encore de n'avoir pas prévu leurs
nombreuses perfidies; sans point de rallie-
ment et sans guide, il se seroit dévoré
lui-même dans les ténèbres, ou seroit
retombé de lassitude.

Un pareil état de convulsion ne peut
pas être de longue durée, il épuiseroit les
forces du peuple, en les divisant ou en
les dirigeant au hasard; il n'est indispen-
sable que jusqu'au moment où débarrassé
de toutes ses entraves, le peuple peut

respirer et organiser un mode uniforme de résistance , et en même temps de destruction et d'organisation sociale.

Ceux qui voudroient éterniser l'incohérence des mouvemens révolutionnaires , feroient autant de mal à la patrie que ceux qui ont voulu édifier une constitution sur les bases de la féodalité, et planter sur le trône l'arbre de la liberté.

Une distance égale sépare , si je ne me trompe, le gouvernement révolutionnaire et du régime constitutionnel, et des troubles de la révolution. La révolution brise les fers du peuple et anéantit tout ce qui cause ses malheurs ; le régime révolutionnaire organise le travail qui doit établir sa prospérité : la révolution enfante les vengeances nécessaires ; le régime révolutionnaire établit les justes châtimens : la révolution met les passions en effervescence et fait naître les mouvemens populaires ; le régime révolutionnaire les dirige : la révolution élève le peuple à sa hauteur ; le régime révolutionnaire l'y soutient et l'y affermit : la révolution renverse les trônes ; le régime révolutionnaire jette à leur place les fondemens de la république.

Le régime révolutionnaire n'est donc autre chose que la révolution réduite en principes mis en pratique pour fonder la liberté et établir la prospérité du peuple.

Le premier caractère du gouvernement révolutionnaire est donc l'activité et la force ; il doit être actif, parce que ses moindres opérations sont importantes et ne veulent point de retard ; il doit posséder la plus grande masse de force, parce que, tout à-la-fois, il a à résister aux ennemis du dehors, à comprimer ceux de l'intérieur et à jeter les fondemens de la république.

Non-seulement le gouvernement révolutionnaire doit réunir la plus grande masse de force et d'activité, la confiance n'est pas un de ses moindres ressorts. Souvent les opérations du gouvernement veulent une prompte exécution, et deviendroient inutiles après le retard de la discussion. Souvent une heureuse audace sert mieux la liberté que les recherches de l'expérience et les calculs de la timidité ; la défiance affoibliroit l'action et diminueroit l'effet ; la surveillance indiscrète donneroit aux conspirateurs les moyens de prévenir les mesures.

Il n'est pas inutile de remarquer que cette confiance est devenue moins dangereuse. Au milieu des mouvemens révolutionnaires on suit souvent les hommes, parce que les principes étant erronés et les lois oppressives, il n'est encore d'autres guides à suivre que ceux qui les combattent. Le régime révolutionnaire met les choses à la place des hommes, et ce sont les institutions, plutôt que les particuliers, qui sauvent la patrie : ceux-ci peuvent se succéder; les institutions demeurent, et sont toujours un instrument utile entre les mains des amis du peuple.

L'audace et la lâcheté des conspirateurs nous ont fait un besoin du gouvernement révolutionnaire. En vain le modérantisme voulut en combattre les principes et entraver son établissement. Ennemis de ma patrie, prosternez-vous dans la poussière, et humiliez enfin votre front superbe devant la majesté du peuple. Nous avons voulu le gouvernement révolutionnaire, nous le maintiendrons jusqu'au jour où les tyrans extérieurs et les ennemis intérieurs seront également abattus, jusqu'au jour où les crimes de la tyrannie auront fait place aux vertus de la république. Vos ames impures font enfin des vœux pour le retour de la paix dont vous nous avez privés ; vous espérez avec elle le moment de respirer, pour méditer quelques complots. Eh bien ! apprenez donc qu'il n'est plus de paix pour vous dans la république ; apprenez que toujours nous serons en insurrection contre le crime et en état de révolution pour les conspirateurs.

Le gouvernement révolutionnaire, enfant des revers et de l'énergie, se propose un but unique, celui de sauver le peuple. Marchant rapidement à ce but, de même qu'il réunit avec vigueur toutes les volontés et toutes les forces particulières, de même aussi il doit briser sans pitié tout ce qui arrête sa marche, et comprimer avec force tout ce qui entrave son action. Si le régime constitutionnel a pour but de faire servir les ressources communes au bonheur des individus, le régime révolutionnaire a pour but de réunir tous les moyens particuliers pour sauver la liberté ; et je répéte, après Robespierre, il doit aux bons citoyens toute

(10)

la protection nationale : il ne doit aux ennemis du peuple que la mort.

Demeurer neutre et inactif au milieu d'une révolution , est donc déjà un crime assez grand contre la liberté publique. Qu'ils remportent donc leurs ennuyeuses suppliques, ces vils aristocrates qui pensent prouver leur innocence , en disant *qu'ils n'ont jamais rien fait*; ce seul aveu de leur part prononce leur déportation : chez un peuple de la Grèce , une loi condamnoit à mort celui qui ne prenoit aucun parti dans les troubles populaires.

La tyrannie crée le crime et le protège; la république n'est fondée que sur la vertu et ne subsiste que par elle. Les institutions de la monarchie émanent de l'autorité soutenue par la force ; dans une république , les bonnes mœurs font la base des bonnes lois, comme elles en éternisent la durée et en assurent les heureux effets. Il est donc nécessaire , avant de fonder la république, de balayer de notre terre sacrée la cohorte des vices corrupteurs , enfans de la monarchie. La révolution leur laisse trop de moyens de s'élever et de prendre

(11)

une influence dangereuse ; le régime constitutionnel leur donneroit une sorte de
protection : il faut donc encore le gouvernement révolutionnaire pour les comprimer et les abattre.

Les hommes doivent être régénérés avant
les institutions. Et que peuvent avoir de
commun les esclaves de la monarchie avec
les hommes de la république ? Qu'y a-t il
entre Caton et l'agent d'un roi ; entre le dévouement généreux de la vertu et l'aveugle
soumission de l'esclavage ? Enfans de la
république ; je dirai mieux , conquérans
de la liberté ; sachez que votre prospérité
future ne reposera que foiblement sur vos
armes et vos lois; vos vertus seules peuvent
la préparer et l'affermir : sachez que l'on
n'a pas encore conquis le nom sublime de
républicain, lorsqu'on a renversé la bastille
et puni les rois ; il faut , pour être digne
de porter ce beau nom, il faut avoir terrassé
le crime , il faut avoir élevé un temple
durable à la justice et à la vertu.

O heureux effets de la révolution ! ô
gloire immortelle du nom français ! une
seule nation a effacé en quatre ans les

exploits des nations anciennes ; elle a réuni leurs efforts, leur courage, et surpassé leur renommée ; elle a montré que vaincre les rois, c'est avoir peu fait pour le bonheur du genre humain ; elle a voulu aussi vaincre le crime : elle a proclamé la vertu.

Ils avoient bien senti combien les principes de la morale étoient puissans pour prévenir leurs complots, tous ces vils conspirateurs qui se sont succédés pour tramer la ruine de la patrie ; aussi ont - ils réuni leurs efforts pour éloigner toute idée de justice et de vertu, pour intervertir toutes les vérités morales, afin qu'au milieu du chaos ils pussent dominer l'opinion pour la corrompre et saper les premiers fondemens de la liberté.

La révolution devoit élever l'échafaud des rois, et la tombe qu'ont creusée leurs forfaits ne les a pas enlevés à l'exécration universelle. Au milieu du trône foudroyé s'élevèrent l'intrigue et l'ambition ; mais leurs coupables enfans désabusés sur l'échafaud, ont montré à ceux qui marchoient à leur suite, que la révolution est le patrimoine de la liberté, et que ses convulsions mêmes ne sont que les éruptions de la fournaise ardente, qui, prête à couler en bronze le colosse de la république, vomit au loin tous les élémens hétérogènes.

O justice! ô vertu! sources bienfaisantes des institutions immortelles, protectrices puissantes des nations vertueuses, vous avez fait briller vos rayons salutaires sur notre heureuse patrie. En dépit des efforts du crime étonné de son impuissance, vous jetez les fondemens de notre république : achevez un aussi bel ouvrage; votre temple sera désormais parmi les Francs. Et toi, peuple, accueille avec enthousiasme ces divinités tutélaires de la république. Appelées et révérées par toi, qu'elles président à tes institutions; qu'elles animent tes héros; qu'elles embellissent tes triomphes; qu'elles soient célébrées dans tes fêtes ; qu'elles remplacent dans tes temples les caricatures du mensonge ; qu'elles habitent dans tes chaumières ; qu'elles te consolent dans tes malheurs ; qu'elles embellissent à jamais les heureux jours de ta prospérité future.

Et moi aussi, ô ma patrie! je m'enorgueillis d'être un de tes enfans ; et moi

aussi , je bénis mon heureuse destinée ,
quand je crois contribuer en quelque chose
à ta prospérité. Le titre de citoyen romain
fut quelquefois prostitué à des rois ; mais
le nom de citoyen français sera un titre
de vertu , il sera à jamais honoré parmi
les nations.

Dans les circonstances où nous sommes
placés , quel est le devoir des amis de la
liberté ? quelle est en particulier la tâche
à remplir par les sociétés populaires ? Elle
est naturellement tracée par les principes
que nous venons de consacrer ; les bases
sont placées , le gouvernement existe : les
hommes qui le dirigent ont des titres à la
confiance du peuple ; leurs moyens sont
légitimes ; leurs résultats sont assurés : que
faut-il pour que ce gouvernement puisse
sauver le peuple , faire exécuter ses lois et
répandre ses principes ?

A l'époque des événemens révolutionnaires, l'opinion se formoit, dans les sociétés, au milieu du choc des discussions ;
aujourd'hui l'opinion est formée , les principes ont été reconnus ; le devoir des sociétés populaires est moins de les découvrir

et de les discuter, que de les développer et de les répandre.

Les principes du gouvernement révolutionnaire sont le résultat de plusieurs siècles de lumières et de quatre années de malheur. Les mesures révolutionnaires sont l'expression des volontés du peuple qui les a demandées, qui les sanctionne, et qui en veut la prompte exécution. Le devoir des sociétés populaires est donc de favoriser, d'accélérer, de surveiller cette prompte exécution, d'y contribuer de tout son pouvoir, et de dénoncer tout ce qui peut entraver la marche rapide du gouvernement.

Bien différent de la tyrannie dont l'empire n'est fondé que sur l'erreur, le gouvernement révolutionnaire repose sur les lumières de la raison et les principes de l'équité naturelle. Il veut éclairer en même temps qu'il agit ; il indique le but en ordonnant la mesure qui y conduit ; il régénère les mœurs du peuple en changeant ses lois : d'où il résulte que son premier ressort est l'instruction. L'instruction éclaire les hommes, élève leurs ames, et les rend propres aux plus sublimes institutions.

Un devoir sacré pour les sociétés populaires est donc de travailler sans relâche à l'instruction du peuple. Elles doivent être des foyers de lumière, ainsi que de patriotisme. Modératrices de l'opinion, elles doivent l'éclairer et la diriger d'après les vues sages du gouvernement. Investies de la confiance du peuple dont elles ont embrassé la cause, elles doivent lui transmettre et lui développer toutes les vérités utiles à son bonheur. Si le gouvernement étoit oppressif ou corrupteur, le devoir des sociétés populaires seroit d'appeler le peuple à une courageuse résistance : lorsque le gouvernement est populaire et juste, leur obligation est de l'affermir, de le seconder et de le faire aimer du peuple.

Ils se sont bien trompés, ceux-là qui si long-temps ont avili et calomnié les sociétés populaires. Les ennemis que le crime leur avoit suscités sont réduits à les craindre et à les respecter. La liberté avoit mis en elles de grandes espérances ; ces espérances n'ont pas été trompées, elles seront un jour l'objet de la reconnoissance du peuple et de la vénération des amis de la vertu.

Pour parvenir au but que se proposent aujourd'hui les sociétés populaires , elles doivent d'abord avoir des principes invariables, puis se régénérer entièrement , et organiser leur travail d'après ces principes.

« La régénération du peuple , nous dit Billaud-Varennes , doit commencer par les hommes les plus en évidence. » C'est donc aux membres des sociétés populaires, c'est aux hommes qui ont marqué davantage pendant la révolution , à donner les premiers exemples des vertus mises à l'ordre du jour.

Il ne faut pas s'étonner si les intrigans et les faux patriotes ont joui quelquefois d'une si prodigieuse influence dans les sociétés populaires ; il étoit facile de se dire patriote, lorsqu'on n'avoit point encore défini le patriotisme ; de vanter sa probité , lorsque ce mot n'étoit encore qu'un vain son ; de parler de son dévouement et de ses sacrifices passés , lorsque l'on étoit encore inconnu.

Vous l'avez souvent remarqué , citoyens, le défaut de principes politiques et moraux, l'impuissance et la foiblesse des réglemens

provisoires, la facilité avec laquelle on y
a fait de si nombreuses exceptions; toutes
ces causes réunies, non - seulement ont
causé plus d'une fois les inconséquences
et les vacillations de l'opinion, ont retardé
souvent les progrès de la révolution ; mais
elles ont aussi fourni aux intrigans les
moyens d'égarer le peuple, d'usurper une
réputation imméritée, et d'ajuster à leur
figure le masque du patriotisme.

Il n'est aucune des époques de la révolution que les ambitieux et les intrigans
n'aient saisie avidement pour s'élever et
séduire le peuple ; et ceux que vous avez
vus au milieu de vous, ne sont pas dis-
semblables à ceux qui ont existé dans toutes
les parties de la république : mais par-tout
ils ont laissé échapper le bout d'oreille,
par-tout ils ont montré le même caractère
d'orgueil et d'ambition, par-tout ils ont
nui aux intérêts du peuple.

Sans doute vous n'imaginerez pas qu'a-
près le triomphe des patriotes et le boule-
versement du trône, les conspirateurs et
les intrigans soient assez mal-adroits pour
professer une doctrine abhorrée, et pro-

poser ouvertement des mesures contre-
révolutionnaires ; mais leur marche , pour
être plus couverte , ne sera pas moins dangereuse.

Ils se gardent bien de vouloir réunir les
débris du trône ; mais ils entravent l'activité
du gouvernement : ils ne professent point
l'aristocratie ; mais ils corrompent l'opinion
publique : ils ne vantent point le bonheur
de l'esclavage ; mais ils retardent de tout
leur pouvoir la prospérité du peuple.

Ils déclament contre les rois ; mais ils
calomnient les vrais amis du peuple : ils
vantent la liberté ; mais ils perpétuent l'a-
narchie : ils dénoncent les fanatiques et
les prêtres ; mais ils professent l'athéisme
et promettent au crime l'impunité : ils font
des actions civiques ; mais ils ne veulent
que de la popularité : ils dénoncent les aristocrates ; mais ils persécutent les patriotes:
ils paroissent se réunir contre les traîtres ;
mais ils divisent les amis de la liberté et
attisent parmi eux des haines funestes :
ils parlent souvent de leur civisme et de
leur probité ; mais ils ne veulent pas que
l'on ait confiance à la vertu des autres,

et ils proscrivent impitoyablement quicon-
que ne suit point leurs étendards.

Quelques-uns de ces hommes ont suivi
cette marche adroite depuis l'origine de
la révolution ; d'autres n'ont figuré sur
l'arène qu'après le 10 août, et ont, depuis
ce moment, calculé leurs coups perfides.
Plusieurs trompés d'abord par la journée
du 10 août, ont appris à devenir plus heureux le 31 mai, et ont saisi avidement
l'occasion de paroître et de devenir quelque
chose. Ils ont répété souvent au peuple :
Nous étions avec toi le 31 mai, pour lui
faire oublier qu'ils n'existoient pas encore
le 14 juillet et le 10 août ; ils ont voulu
rayer de la liste civique les noms des premiers enfans de la liberté, pour que l'on
ne s'apperçoive point que le leur ne fut
placé qu'à leur suite : ils ont cru réparer
un long silence, en fatiguant le peuple de
leurs bruyantes déclamations.

Le peuple est aujourd'hui trop éclairé
pour se tromper long-temps sur le compte
de tous ces charlatans politiques ; les vrais
principes sont connus ; ils ont prononcé
la chute de tous les traîtres : la distance

qui sépare le vrai patriote de l'intrigant est sentie , elle sera bientôt mesurée.

Le jour où le comité de salut public eut développé les principes d'un gouvernement fondé sur la justice et la vertu , la mort des conspirateurs fut certaine ; l'échafaud d'Hébert fut élevé , et Danton dut trembler pour sa tête. De si grands exemples de justice nationale ne seront pas sans doute perdus pour la république et pour les sociétés populaires. La vertu doit être implacable contre le crime , et c'est trahir la liberté que de permettre à un fourbe de siéger avec les patriotes.

Lorsque j'entends un intrigant parler patriotisme à la tribune du peuple , il me semble voir une catin décorée par le crime , éclipsant orgueilleusement au spectacle ou dans les lieux publics la femme honnête qui n'est parée que des charmes de la candeur et des grâces de la vertu.

En vain les intrigans voudront se dérober aux recherches des patriotes et aux jugemens de la sévère vertu , ils sont démasqués : la vérité , par l'organe du comité de salut public , les a dévoilés , et a tracé les principes d'après lesquels nous pouvons les connoître.

« L'art le plus profondément machia-vélique, nous dit Billaud Varennes au nom du comité de salut public, n'est-il pas celui qui brise les nœuds de la sociabilité, en isolant tous les individus par des défiances générales, dans une démocratie où l'opinion publique est en même temps la puissance qui gouverne et le flambeau qui dirige? Tout seroit perdu le jour où des soupçons couvrant l'ensemble d'un voile funèbre, ne permettroient plus de croire à la vertu de qui que ce soit, le jour où l'innocence intacte pourroit être travaillée des mêmes alarmes que la perversité évidente. »

« Le complot le plus funeste qui se puisse ourdir contre un gouvernement, nous dit Saint-Just, est la corruption de l'esprit public, pour le distraire de la justice et de la vertu. »

« Il semble qu'on voudroit introduire parmi nous le trafic de quelques membres du parlement anglais, qui se font insolens pour devenir ministres. Parmi nous une classe d'hommes prend un air hagard, une affectation d'emportement , ou pour que l'étranger l'achète , ou pour que le gouvernement le place. »

« Les vertus , selon l'expression de Robespierre , au nom du comité de salut public , sont simples , modestes , pauvres , souvent ignorantes , quelquefois grossières ; elles sont l'apanage des malheureux et le patrimoine du peuple. »

Le comité de salut public , par l'organe de Saint-Just, nous a tracé ainsi le portrait de l'homme révolutionnaire :

« Un homme révolutionnaire est inflexible ; mais il est sensé, il est frugal , il est simple , sans afficher le luxe d'une fausse modestie ; il est l'irréconciliable ennemi de tout mensonge , de toute indulgence , de toute affectation. Comme son but est de voir triompher la révolution , il ne la censure jamais ; mais il condamne ses ennemis , sans l'envelopper avec eux : il ne l'outrage point , mais il l'éclaire ; et jaloux de sa pureté , il s'observe quand il en parle , par respect pour elle ; il prétend moins être l'égal de l'autorité qui est la loi , que l'égal des hommes et sur-tout des malheureux.

Un homme révolutionnaire est plein d'honneur; il est policé sans fadeur, mais par franchise, et parce qu'il est en paix avec son propre cœur; il croit que la grossièreté est une marque de tromperie et de remords, et qu'elle déguise la fausseté sous l'emportement. Les aristocrates parlent et agissent avec tyrannie; l'homme révolutionnaire est intraitable aux méchans, mais il est sensible : il est si jaloux de la gloire de sa patrie et de la liberté, qu'il ne fait rien inconsidérément. Il court dans les combats; il poursuit les coupables et défend l'innocence dans les tribunaux; il dit la vérité afin qu'elle instruise, et non pas afin qu'elle outrage; il sait que, pour que la révolution s'affermisse, il faut être aussi bon qu'on étoit méchant autrefois; sa probité n'est pas une finesse d'esprit, mais une qualité du cœur et une chose bien entendue. Marat étoit doux dans son ménage; il n'épouvantoit que les traîtres. J. J. Rousseau étoit révolutionnaire, et n'étoit pas insolent sans doute : j'en conclus qu'un homme révolutionnaire est un héros de bon sens et de probité. »

Citoyens , voilà les vérités , voilà les principes : que les méchans soient jugés d'après ces maximes ; qu'ils soient reconnus à ces tableaux , et que la vertu leur imprime le sceau de la honte.

Ce sera avoir fait beaucoup pour la régénération de la république , d'avoir démasqué les faux patriotes ; il faut encore garantir le peuple de toute influence étrangère ; il faut qu'il ne puisse plus être le jouet des hommes et de leurs passions : il faut que les hommes , quels que soient leurs talens , quelles que soient leurs fonctions , ne soient point remarqués plus que le peuple , et qu'ils n'exercent aucune influence sur lui.

Il sera bientôt temps aussi de satisfaire le peuple sur la conduite morale et politique de tous ceux qui ont marqué dans la révolution. Dans peu , sans doute, on leur demandera compte de leurs actions , de leurs erreurs , de leurs actes civiques et des intentions qui les ont animés. Ceux - là mêmes qui sortiront purs du creuset, sentiront que maintenant leur influence doit cesser , et que s'ils ont des

talens , ils doivent les consacrer à l'instruction du peuple , plutôt que les employer
à dominer ses volontés , à lui prescrire sa
marche et à prononcer ses jugemens. Le
moment n'est pas loin où tout tendra à
l'égalité la plus parfaite , où le peuple seul
sera servi et apperçu , où les hommes
mêmes qui ont le plus fait pour lui, contens
d'avoir rempli leur carrière , se confondront
modestement dans la foule , et jouiront du
bonheur d'avoir servi le peuple , et de la
satisfaction d'avoir fait leur devoir.

Les intrigans prolongent les troubles de
la révolution pour se soustraire à l'obscu-
rité, parce qu'ils savent qu'elle est le tombeau de l'orgueil et des projets ambitieux.
On les a entendus quelquefois , dans le
dessein de suspecter des patriotes , faire
remarquer leur silence et calomnier leur
modeste tranquillité. Je ne sais quelle auroit
été leur réponse, si le peuple leur avoit demandé pourquoi ils parloient eux - mêmes
avec une si copieuse abondance.

Il est temps enfin que toutes les divisions
cessent entre les vrais enfans de la patrie :
ceux qui divisent préparent sans doute le

règne du despotisme. Il est temps que les haines et les impulsions particulières cèdent à la grande et unique impulsion du bien public; il est temps, comme nous l'a dit Lejeune, de porter au peuple, et aux ci-toyens des campagnes en particulier, des paroles de bonheur et de consolation.

L'effervescence, l'ambition, l'orgueil des individus, doivent faire place au régime de la probité modeste et paisible, du dévoue-ment généreux et obscur, du civisme épuré par la vertu. Il faut expliquer aux citoyens en quoi consiste le bonheur, en les désa-busant des chimères de la vanité et des prétentions de l'intérêt. Il faut les ramener aux belles institutions de la nature, les rappeler aux vertus civiles et domestiques, leur faire sentir l'influence de la vertu, les avantages de la médiocrité, les douceurs de l'union conjugale, les charmes de la paternité, les devoirs de la naissance, les agrémens de la vie laborieuse.

Il faut leur faire connoître le calme d'une conscience pure, la sensibilité qu'on é-prouve en faisant le bien. Il faut leur faire éprouver ce je ne sais quoi, cette sensation sublime que je ne puis rendre , et que ressent l'homme vertueux en descendant au fond de son cœur.

Il faut leur faire envisager les heureux effets de l'harmonie sociale , les bienfaits de la providence , la grandeur de l'Être suprême , l'espoir du bonheur au-delà du tombeau , la mémoire de l'homme de bien chérie et célébrée par les générations.

Malheur à qui ne verseroit pas des larmes d'attendrissement en portant ses regards sur un pareil tableau ! malheur à l'être glacé que la riante image du bonheur de ses semblables laisseroit insensible ! malheur à qui ne se sentant pas animé de mouvemens sublimes, ne s'écrieroit pas avec nous : Et moi aussi, je veux contribuer au bonheur de mes frères et leur donner l'exemple de mes vertus ! Malheur à celui que l'orgueil et l'intrigue retiendront toujours en évidence au milieu du tourbillon ! celui - là veut attirer la foudre qui s'apprête à le frapper.

Nous ne vous avons offert qu'une partie des vérités que nous fournit la grande question que vous nous avez invité à traiter ;

les autres vous seront successivement dé-
veloppées : c'est à vos cœurs à juger si
nous avons abandonné la route du vrai,
si nous avons atteint ou dépassé la limite
du bien. Nous avons jugé superflu de vous
présenter le livre de la nature ouvert ré-
cemment par Robespierre, et de vous répéter des vérités exprimées par lui d'une
manière aussi sublime ; ce sera le devoir
de l'instruction de les répéter et de les répandre : notre but aujourd'hui étoit de
vous indiquer les moyens d'organiser utilement vos travaux.

Vous aurez bien servi la patrie lorsque
vous aurez proclamé les vrais principes qui
doivent organiser vos délibérations, lorsque
vous serez régénérés d'après ces principes,
lorsque vous aurez mis en activité l'instruction, lorsque les hommes chargés d'é-
clairer le peuple seront dignes, par leur
caractère et leurs vertus, de leur annoncer
la vérité, lorsque vous aurez rendu vos
séances fructueuses par des rapports inté-
ressans, lorsque vous répandrez dans les
campagnes des vérités utiles par la voie
de la presse, lorsqu'en un mot les mesures

que vous voulez adopter seront entièrement exécutées.

Nous avons voulu organiser d'abord vos
travaux d'une manière plus active ; et les
comités dont nous allons vous proposer
l'établissement, vous feront successivement
des rapports sur les autres mesures à adopter.

Nous vous présentons le projet de délibération suivant :

PROJET

DE DÉLIBÉRATION.

D'APRÈS les principes proclamés par la convention nationale, sur le rapport de Robespierre, au nom du comité de salut public, la société populaire de Besançon appelle dans son sein le règne de la vertu ; elle y consacre et propage au dehors les vérités que l'Être suprème a gravées dans tous les cœurs.

Elle voue anathême aux rois et à leurs complices, haine aux méchans et mépris aux prêtres. Elle accueille avec respect la vieillesse, l'indigence et le malheur.

Elle n'admet dans son sein que ceux qui ont fait preuve de moralité et de dévoue-ment à la patrie : elle en exclut l'incivisme, l'intrigue, l'ambition, l'orgueil et l'égoïste opulence.

Elle demande compte à ses membres de leur moralité et de ce qu'ils font pour la patrie : elle suspecte l'homme oisif et poursuit l'homme dangereux.

Elle honore après sa mort l'homme vertueux, le bon citoyen : elle appelle bon citoyen celui qui aime sa patrie, obéit à ses volontés, et la sert utilement dans quelque état qu'il se trouve : elle reconnoît l'homme vertueux dans celui qui pratique les devoirs sociaux, quelle que soit son existence dans la république.

Elle défend les patriotes opprimés, dénonce et fait punir les mauvais citoyens.

Elle écoute et protège celui qui dénonce des abus ou des traîtres : elle imprime sur le front des calomniateurs le sceau de la honte.

Elle reconnoît que la jouissance la plus digne d'un citoyen est une famille nombreuse animée par le patriotisme et formée à la vertu.

Elle travaille avec ardeur à l'affermissement de la liberté et de l'égalité : ses travaux sont organisés provisoirement de la manière suivante :

ARTICLE PREMIER.

Il existe dans la société populaire deux comités principaux, l'un des rapports et d'instruction réunis, l'autre de correspondance et d'exécution réunis.

I I.

Les comités existant dans la société sous le nom particulier de comité de correspondance, d'instruction et de surveillance, sont dissous.

I I I.

Le comité des rapports et d'instruction, celui de correspondance et d'exécution, sont composés chacun de neuf membres : ces membres sont choisis à l'appel nominal et à la pluralité absolue des suffrages.

I V.

Les fonctions du comité des rapports et d'instruction sont de s'occuper de toutes les questions générales relatives à l'affermissement de la liberté, au développement des principes révolutionnaires et à l'instruction publique : il s'occupe particulièrement à rendre intéressantes les séances de la société et à éclairer les citoyens des campagnes. Toutes les discussions particulières , les dénonciations , les objets de détail lui sont interdits.

V.

Le comité fait lire dans les séances de la société tous les rapports du comité de salut public.

V I.

Il fait pendant chaque décade deux rapports sur des questions importantes et dignes de fixer l'attention de la société. Ces rapports et leur sujet sont annoncés dans une des séances précédentes. Il présente chaque mois le tableau des travaux de la société.

Les rapports du comité sont faits, autant que possible , par écrit.

V I I.

Le comité des rapports et d'instruction choisit pour chaque décadi l'orateur qui doit parler au temple dédié à l'Être suprême , sur le sujet de la fête décadaire : le comité présente cet instituteur, avant le décadi , à l'approbation de la société.

VIII.

Lorsque par la faute du comité des rapports et d'instruction un décadi manque
d'instituteur, ce comité est renouvelé.

_ IX.

Tout sociétaire qui refuse au comité
de faire un discours pour un décadi, rend
compte des motifs de son refus : la société
les juge.

X.

Le comité de correspondance et d'exécution est chargé de la correspondance, des
adresses, des circulaires, des objets de
détail et d'exécution.

X I.

Aucune adresse, circulaire et lettre pour
Paris, ne partent sans avoir été approuvées
par la société.

X I I.

Trois membres de ce comité sont chargés
en particulier, et sous leur responsabilité,
de la correspondance avec Paris.

X I I I.

Tout rapport et tout travail demandé

par la société , est rapporté, au plus tard,
deux séances après : dans le cas contraire ,
les comités donnent les motifs du retard ,
sous peine de censure.

X I V.

Chaque comité tient un registre de son
travail ; chacun de ses membres est per-
sonnellement responsable de sa négligence ;
et dans ce cas , ses collégues demandent
à la société son remplacement.

X V.

Tout membre des comités remplacé à
raison de négligence,est exclu de la société
pendant trois mois ; son nom est inscrit au
registre.

X V I.

Pour tous les objets qui ne sont pas du
ressort de ses comités, la société nomme
des commissions particulières.

X V I I.

La société , autant qu'il n'y a pas ur-
gence reconnue , ne discute les projets de
délibération présentés par les comités, qu'à
la séance-subséquente à celle où ils ont été
proposés.

XVIII.

La présente délibération , précédée du rapport , sera imprimée, envoyée au comité de salut public , aux jacobins, à toutes les sociétés associées , et répandue dans les campagnes.

N. B. Ce projet de délibération a été adopté , après un second examen , à la séance du 4 prairial , et les travaux de la société populaire sont organisés d'après ce plan.

www.ingramcontent.com/pod-product-compliance
Lightning Source LLC
Chambersburg PA
CBHW061317050726
47594CB00004B/1766